_____님께

소중한 마음을 담아 드립니다.

20   .   .

드림
_____

생각을
벗어라:

초판 1쇄 발행 2013년 12월 25일

지은이 김창수 · 발행인 권선복 · 편집주간 김정웅 · 편집 신지은 · 디자인 박연주 · 전자책 신미경 · 마케팅 서선교 · 발행처 도서출판 행복에너지 · 출판등록 제315-2011-000035호 · 주소 (157-010) 서울특별시 강서구 화곡로 232 · 전화 0505-613-6133 · 팩스 0303-0799-1560 · 홈페이지 www.happybook.or.kr · 이메일 ksbdata@daum.net

값 12,500원
ISBN 979-11-5602-026-4   13300

Copyright ⓒ 김창수, 2013

* 이 책은 저작권법에 따라 보호받는 저작물이므로 무단전재와 무단복제를 금지하며, 이 책의 내용을 전부 또는 일부를 이용하시려면 반드시 저작권자와 〈도서출판 행복에너지〉의 서면 동의를 받아야 합니다.
* 잘못된 책은 구입하신 곳에서 바꾸어 드립니다.

도서출판 행복에너지는 독자 여러분의 아이디어와 원고 투고를 기다립니다. 책으로 만들기를 원하는 콘텐츠가 있으신 분은 이메일이나 홈페이지를 통해 간단한 기획서와 기획의도, 연락처 등을 보내주십시오. 행복에너지의 문은 언제나 활짝 열려 있습니다.

도서출판 행복에너지 홈페이지에 방문하여 회원가입을 하시면 신간발행 소식과 함께 (주)휴넷 조영탁 대표의 '행복한 경영이야기' 소식을 전송해 드립니다.

생각을
벗어라:

take off thinking

생각을 벗어라:

김창수 지음

 *prologue*

생·각·을·벗·어·라·!

생각을 벗으면 길이 보입니다.
우리네 살아가는 인생이 정해진 것도 없으며
정해지지 않은 것도 없습니다.
애당초 정해진 것도 정해지지 않은 것도 없는 인생인데,
생각이라는 굴레 속에 억지로 가두어
모든 것이 정해진 것처럼 살아가고 있을 뿐입니다.

공대를 졸업하고
토목기술자로 1998년부터 건설회사에 근무하는 제가
2007년 첫 번째 책을 출간한다고 했을 때도 그러했고
2013년 네 번째 책인 시집을 출간한다고 했을 때도 그러했습니다.

애당초 에세이를 쓰고 시를 쓰는 사람이 아닌데
무모한 도전을 하는 것이 아니냐고 우려의 눈길을 많이 받았습니다.

2013년 6월 「김창수 보리밭 인생처럼 누구나 책을 쓰자」
유튜브 방송을 시작했을 때도 그러했습니다.
누구나 책을 쓰는 세상이 과연 가능한가?
보잘것없는 저자의 부질없는 몸부림 아니냐고
걱정을 많이 받았습니다.

생각을 벗으면 길이 보입니다.
태어날 때 시를 쓰고 에세이를 쓰는 인생이 정해진 것이 아닙니다.
애당초 정해진 것도 정해지지 않은 것도 없는 인생입니다.
정해진 것이 아니라 만들어가는 인생입니다.
그래서 누구나 시를 쓰고 에세이를 쓸 수 있습니다.

시는 우리네 삶입니다.
우리가 살아가면서 밥 먹듯이 하는 수없이 많은 말이 시입니다.

누구나 밥을 먹듯 누구나 말을 하듯 누구나 시를 쓸 수 있습니다.
시는 그렇게 우리네 인생을 노래하는 것입니다.

잘난 인생 못난 인생이 따로 있습니까?
정해진 생각의 굴레를 벗으면 길이 보입니다.
잘난 인생 못난 인생은 오로지 자신의 마음에 있습니다.
잘난 인생 못난 인생이 정해지지 않은 것처럼
잘난 시 못난 시도 정해지지 않았습니다.

누구나 시를 쓸 수 있습니다.
잘난 시를 쓰겠다는 생각의 굴레를 벗어보세요.
우리네 살아가는 이야기를 글로 몇 자 적어보세요.
누구나 시인이 될 수 있습니다.
시는 그렇게 우리네 삶이 됩니다.

2013년 12월
김 창 수

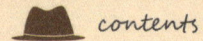

프롤로그 07

part 1. 시집:

시집·15 생각을 벗어요·17 비 내리는 수요일엔·18 고생·21 굼벵이 재주·22 옥에 티·24 나는 놈·27 노래·29 투정·30 일생의 보배·33 든 자리 난 자리·34 고래 싸움·36 인샬라·38 세 살 버릇·40 효자·43

part 2. 나눔 인생:

어울림·47 라면 인생·48 아주 오랜 친구·51 말 때문에·52 말과 삶·55 땔감처럼·56 만족·58 웃음의 힘·59 빈 수레 달리기·60 넋두리·62 나쁜 일·65 평생소원·66 나눔과 희망 사이·69

part 3. 변화의 시작:

달리자·73 내 탓이 변화의 시작·75 잔꾀·76 텃밭·78 윗물 아랫물·81 변화·82 관심·85 대장 노릇·86 단체줄넘기·88 희망과 욕심·90 삶의 가치·92 싫으면 버려라·95 가는 날이 장날·96 용·99 구슬과 보배·100

part 4. 기다림의 열정:

열정·105 기다림·107 한 치 앞·108 공든 탑·111 달걀온밥·112 꿈은 이루어진다·115 사막 메뚜기·116 소중함·119 꽃과 나비·120 뿌리 깊은 나무·123 썰매 타기·124 우물 안 개구리·127 백지장·128

part 5. 희망의 길:

길·133 도전·134 한 우물·137 삭발투혼·138 용기·140 남 탓·143 나눔·144 기대·147 밤나무·148 약·151 이웃사촌·152 희망의 봄·154

part 6. 인생 그리고 시간:

찰나 같은 인생·159 오는 정 가는 정·160 자전거·162 사랑의 매·165 서리·166 나이 이길 장사·169 익은 벼·170 올챙이·173 이름·174 화려한 싱글·177 첫눈·178 마지막 사랑·180

\# 편집후기 182

part 1. 시집

시집
생각을 벗어요
비 내리는 수요일엔
고생
굼벵이 재주
옥에 티
나는 놈
노래
투정
일생의 보배
든 자리 난 자리
고래 싸움
인샬라
세 살 버릇
효자

: 시집

시집가셨어요?
창수가 시집을 갑니다.
마흔둘 노총각이
장가를 못 가 시집을 갑니다.
장가가는 마음으로 시집을 냈어요.

: 생각을 벗어요

옷을 벗으면 속살이 보여요.
야한 생각.

나이를 벗으면 청춘이 보여요.
젊은 생각.

지갑을 벗으면 나눔이 보여요.
행복한 생각.

생각을 벗으면 갈길이 보여요.
멋진 생각.

: 비 내리는 수요일엔

비 내리는 수요일엔 빨간 장미를 드릴게요.
비 내리는 수요일엔 저와 헌혈하러 가실래요?
감사한 마음을 가득 담아
헌혈하는 당신에게 빨간 장미를 드릴게요.
비 내리는 수요일엔 당신에게 빨간 장미를 드릴게요.

: 고생

대학 시절 벽돌 등짐을 지며 돈을 벌었다.
온종일 등짐으로 벽돌을 나르고
밤에는 온몸이 쑤셔와 아픔으로 잠을 지새웠다.
그래도 그만둘 수 없었다.
돈을 벌 수 있다는 의지로 고통을 참았고
더 힘들다고 느낄 땐 벽돌 등짐이 운동이라고 주문을 외웠다.

20년의 세월이 지나 그날을 돌이켜본다.
물론 이루어놓은 것이라고는 없다.
그래도 그 시절의 힘겨운 시간이 있었기에 견딜 수 있었다.
삶을 포기하고 싶다고 생각할 때
그 시절의 고생이 삶을 지탱해주는 원동력이 되었다.
처절하게 몸부림치며 지금까지 버텨왔다.
더 이상 무너질 곳이 없다는 생각으로 악착같이 살아왔다.

젊어 고생 사서도 한다던데
고생이 추억이 된다면 행복한 마음으로 할 수 있어야지.

: 굼벵이 재주

나의 재주는 목소리가 큰 것이다.
목소리가 크다는 이유로 직장생활이 힘든 경우도 있었지만,
목소리가 큰 것을 장점으로 활용해서 열심히 강의했다.

굼벵이도 구르는 재주가 있듯 사람도 저마다 타고난 재주가 있다.
자신에게 주어진 하나의 재주를 파악하고 이를 개발하고 활용한다면
더욱더 윤택한 삶을 살아가는 방향을 제시해줄 것이다.

오늘도 목소리가 큰 굼벵이는 강의삼매경에 빠져있다.
전국팔도를 무대로 거침없이 달려가고 있다.

: 옥에 티

우렁찬 목소리로 강의를 시작한 지 9년.
나름 최선을 다했다고 생각하지만
사투리를 사용한다는 흠이 있다.

옥에 티가 아니라 엄청 큰 결함이다.
서울 생활 9년 동안
아무리 고치려고 해도 사투리 없애는 일에 실패했다.

사투리는 스스로 극복해야 할 과제다.
쉬운 일은 아니겠지만 명강사의 꿈을 위해 반드시 해결해야 할 일이다.
옥에 티는 그냥 두면 끝까지 옥에 티로 남는다.
의지와 노력으로 그 모습을 달리할 수 있을 거라 믿는다.

시집

나는 놈

뛰는 놈 위에 틀림없이 나는 놈 있다.
인생이 이러하다.

초등학교 때 500명 전교생 중에서 웅변을 제일 잘했다.
초등학교 대표로 의령군 대회에서 당당하게 입상을 했다.
의령군 대회 입상을 하면 경상남도 대회에 출전할 자격을 얻는다.
시간이 지나 경상남도 교육청이 주관하는 경상남도 대회에 출전했다.
경상남도 대회는 의령군 대회와 비교할 수 없이 격차가 컸다.
웅변을 잘하는 학생들이 정말 많았다.
흑백 TV에서 보던 훌륭한 웅변가를 옆에서 보는 것 같았다.

뛰는 놈 위에 틀림없이 나는 놈 있다.
인생이 이러하니 때론 부족한 자신의 현실을 인정하는 것이
마음 편하게 살아가는 방법의 하나다.

시집

: 노래

학창시절 제일 싫어했던 음악 시간.
음치라는 사실이 들통 나서 싫었다.

시간이 지나 나이를 먹어도 노래를 부른다.
음악 시간의 노래가 아닌 사회생활의 노래다.

목이 터져라 자신이 좋아하는 노래를 부른다.
그리고 똥 묻은 개가 겨 묻은 개를 나무란다.
노래를 못한다고 서로서로 흉을 본다.
그렇게 자신들의 한을 노래로 풀고 있다.

무슨 한이 그리도 많은지
그 한을 내려놓겠다는 불굴의 의지로 노래한다.
노래를 잘하고 못하고의 구분은 없어진 지 오래다.
노래는 우리 모두에게 친구가 되었다.

: 투정

코흘리개가 가슴에 손수건 달고 초등학교에 입학하던 날.
왕복 8km 거리 신작로를 흙먼지 마시며 학교에 걸어 다녔던 나날.
선생님 말씀 하나하나에 무조건 집중했던 날들.
선생님께 칭찬받고 싶어서 무슨 일이든지 최선을 다했다.

칭찬 한마디에 웃고, 꾸중 한마디에 눈물을 흘렸던 시절.
학교에서 꾸중을 들은 날이면 온종일 기분이 엉망이었다.
투덜투덜 집으로 돌아와 어머니께 괜한 투정을 부렸고
어머니는 묵묵히 모든 투정을 받아주셨다.

자식의 모든 것을 다 받아주시는 어머니의 사랑.
세월이 지날수록 어머니의 무한한 사랑을 조금씩 알아가고 있다.

: 일생의 보배

"정직은 일생의 보배다. 스스로에게 떳떳한 사람이 되도록 해라."
초등학교 시절 마음에 새겨진 선생님의 말씀이다.
시간이 흘러 우리는 성장했고 어른이 되었고 학부모가 되었다.
선생님의 은혜를 다 알 수는 없지만
세월이 지나 나이를 먹다 보니 그 깊은 뜻을 조금이나마 알 것 같다.

살아오며 배운 세상사에 근간하여
잠시나마 선생님의 크신 은혜를 간간히 기억하고 있었던 것이다.
제자가 훌륭하게 성장해 주길 진심으로 바라셨던
선생님의 마음이 아직도 가슴에 남아 숨 쉬고 있다.

정직은 일생의 보배다.
아무리 배가 고파도 남의 것을 탐하면 절대 안 된다는
가난했던 시절에 새겨진 정직의 철학은
어른이 되어 세상을 살아가는 데 크나큰 보배가 되었다.

: 든 자리 난 자리

1년 6개월을 괴롭힌 선임병이 전역하는 날
그가 나에게 미안하다는 말을 건넸다.

선임병은 자신이 야간 불침번 서는 날이면
늘 나를 화장실로 불러내 괴롭히는 바람에 잠을 잘 수가 없었다.
어찌나 치사한 방법으로 사람을 못살게 구는지
몇 번이나 탈영하고 싶을 정도였다.
그런 선임병이 전역한다고 하니 만감이 교차했다.
실컷 때려주려고 이를 갈고 있었는데 미안하다는 말은 또 뭔지.

그렇게 선임병이 전역하고 후임병이 들어왔다.
새로 들어온 후임병에게는 별 관심이 가지 않았다.
그러나 나를 괴롭혔던 선임병은 한참이 지나도 잊을 수가 없었다.
나는 전역하고도 그가 기억에 남았다.

든 자리는 몰라도 난 자리는 안다.
어떠한 자리든 그 사람과 연결고리가 컸다면 그 난 자리는 오래간다.
우리네 인생이 좋은 인연으로 연결되고 오래오래 지속되길 희망한다.

: 고래 싸움

대한민국 남자라면 모두가 가야 하는 곳이 군대다.
직업군인이 아닌 일반 병은 군대에 잠시 머물러 있다가 간다.
그때 장병들에게 중요한 것은 문제없는 내무반 생활이다.

혈기왕성한 젊은 장병들이
삼사십 명씩 모여 생활하는 군대 내무반에는
알게 모르게 알력이 존재한다.
한 명의 장병에게 힘이 쏠리는 것을 견제하기 위해
서너 명의 내무반장이 있다.

내무반장들의 기 싸움에 죄 없는 장병들만 이유 없는 얼차려를 받는다.
바로 이럴 때 쓰는 말이 있다.
"고래 싸움에 새우 등 터진다."
죄 없는 장병들은 호된 얼차려로 시간을 보내며 군 생활을 겪는다.
고래 싸움에 새우 등 터져도 국방부 시계는 어김없이 잘도 돌아간다.

: 인샬라

2003년부터 한국을 떠나
리비아에서 보낸 2년.
병원비를 벌겠다는 일념으로 떠난 곳이기에
나의 조급한 마음은 극에 달해 있었다.

그러던 어느 날 유목민이 양 떼를 몰고 작업구간으로 들어왔다.
현장 우물에 와서는 풀을 먹인다는 이유로 움직이지 않았고
덕분에 중장비를 이용한 공사는 진행할 수 없게 되었다.
나는 어떻게 해서든 유목민을 달래 내보내려고 했는데
그들은 "인샬라!(신의 뜻으로)"라고 말하고는 움직이지 않았다.

도저히 참을 수가 없던 나는
리비아 정부의 관료를 찾아가 사정을 설명하고 도움을 요청했다.
그러자 리비아 정부 관료는
"모든 것이 신의 뜻이니 기다리라."라고 말했다.
어쩔 도리가 없이 몇 날 며칠을 기다리고 또 기다렸다.
며칠이 지난 후, 유목민은 양 떼를 몰고 다른 곳으로 이동하기 시작
했다.

서두른다고 모든 일이 다 해결되는 것은 아니다.
기다리고 또 기다리고 또 기다릴 줄 아는 인생이 행복한 인생이다.

: 세 살 버릇

나는 천성이 노는 것을 좋아한다.
시골에서 태어나 자란 덕분인지
책보다는 산으로 들로 뛰어다는 것을 더 좋아했다.
늘 학교가 끝나면 집에 가방만 내팽개쳐 놓고
친구들과 놀러 다니기 바빴다.

어느 날은 숙제를 다 했다고 말하고 밖에서 놀다가
거짓말이 들통이나 어머니에게 호되게 혼난 적이 있었다.
그 이후로는 아무리 산과 들로 뛰어다니고 싶어도
꾹 참아야 했다.
회초리가 너무 무서워 그럴 수밖에 없었기 때문이다.

세 살 적 버릇 여든까지 간다는 말이 있다.
그러나 버릇은 고칠 수 있는 것이다.
외부의 충격으로도 습관을 바꾸는 것이 가능하다.
나는 어머니의 회초리 덕분에 습관이 바뀌었다.

만약 어머니의 회초리가 없었다면
나는 아직도 산과 들로 놀러 다니고 있었을 것이다.
노는 버릇을 바꿔주신 어머니께 항상 감사한 마음이다.

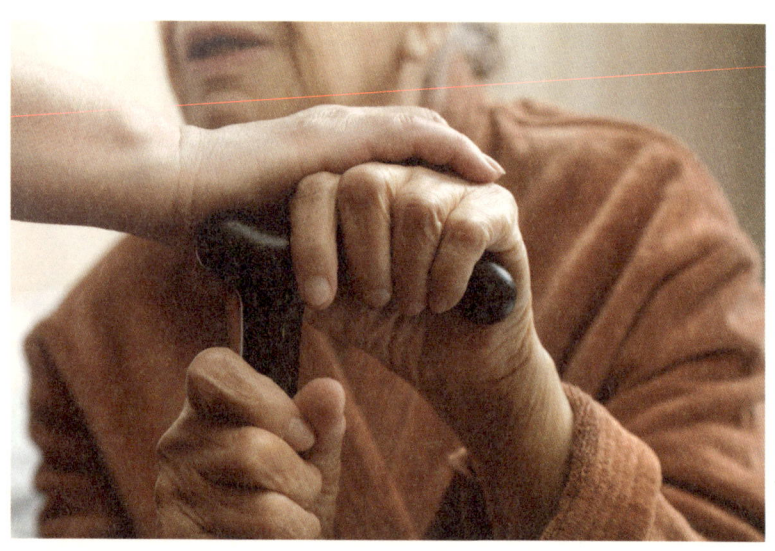

시집

: 효자

자식들을 위해 열심히 돈을 번 부모님을
병에 걸렸다는 이유로 우리는 복지시설에 보낸다.
우리는 병든 부모님을 시설에 보내고 자식을 위해 돈을 번다.
그렇게 소중하게 키운 자식들도 우리가 병들면
우리가 그랬듯 똑같이 복지시설에 보낼 것이다.

그리 먼 일이 아니다. 건강은 장담할 수 없다.
우리가 병든 부모님을 정성껏 모시고 살아가는 모습을 보인다면
자식들도 우리가 늙고 병들었을 때 사랑으로 정성껏 모시지 않을까?
긴 병에도 틀림없이 효자가 있어야 한다.
또한 이것은 우리 모두가 실천 가능한 일임을 잊지 말았으면 한다.

part 2. 나눔 인생

어울림
라면 인생
아주 오랜 친구
말 때문에
말과 삶
땔감처럼
만족
웃음의 힘
빈 수레 달리기
넋두리
나쁜 일
평생소원
나눔과 희망 사이

: 어울림

사람마다 살아가는 이야기가 다르다.
다른 것은 결코 틀린 것이 아니다.
다른 것이 손가락질 받는 세상이 아니길 바란다.
능소화와 소나무가 어울려 살아가듯
우리네 삶도 어울리며 살았음 한다.

: 라면 인생

단풍이 물드는 아름다운 가을밤
눈물 나게 매운 라면 한 그릇.
눈물겨운 인생보다
더 눈물 나게 매운 라면.
매운 라면에 눈물이 흐르고
눈물겨운 인생에 마음이 운다.

나눔 인생

: 아주 오랜 친구

가난은 아주 오랜 친구다.
가난하기에 동생과의 우애도 친구와의 우정도 많다.
항상 희망으로 가득하고 행복한 내일을 꿈꾸지만
병원비와 생활비에 하루하루를 힘겹게 버텨야 하는 가난 속에 살고
있다.

단 하루라도 가난의 굴레에서 벗어날 수 있기를 바라는
간절한 마음으로 살지만
오늘 하루도 이 굴레에서 벗어나지 못하고 있다.
그저 '가난이 스승이다.'라는 말을 되새기며
희망의 기다림에 기대를 더하고 노력을 합해 가난에 맞서고 있다.

훗날 '가난이 스승이다.'라는 말을
웃으면서 할 수 있기를 간절히 바란다.
얼마의 시간을 더 가난과 친구로 살아야 할지 모르는 일이지만
그래도 가난을 외면하지는 말자고 다짐한다.
이 세상 가난한 사람들 모두가 가난에서 벗어날 수 있기를 기원하며.

: 말 때문에

말 때문에 많은 일이 생기고
말 때문에 허송세월을 보내기도 한다.

학창시절의 말은 자신의 행동을 합리화하기 위한 것이고
직장생활의 말은 팀이나 조직을 합리화한다는 명분을 두고 한다.
효율성과 합리성이 결여된 말은 조직을 도태시킬 수 있으므로
조직의 말은 신중해야 한다.

물론 많은 말로 사람들의 희망의 길로 인도하기도 하지만
일상의 경우에는 할수록 거칠어지는 것이 말이다.

개똥철학으로 갑론을박하며 시간 가는 줄 모르고 긴긴밤을 보내고,
때론 주먹다짐이나 힘자랑했던 그 시절의 이야기를 거울삼아
필요하고 소중한 말을 하는 소중한 사람이 되었으면 한다.
마음은 나누는 것이며,
그것은 말을 매개체로 가능한 일이다.

나눔 인생

: 말과 삶

사람과 사람이 어울려 살아가는 것이 삶이며
사람과 사람을 어울리게 하는 것이 말이니
삶에서 말만큼 중요한 것이 없다.

우리는 기억할 수 없을 만큼 수많은 말들을 하며 살아간다.
기억할 수 없다고 해서 말을 쉽게 내뱉는다면
그 말들로 인해 문제가 생기고 상대방에게 상처를 줄 수 있다.

말 하나에도 상대방에 대한 존중과 배려가 우선 된다면
말로 인한 문제를 최소화할 수 있을 것이다.

고운 말은 사람을 기분 좋게 한다.
고운 말로 상대방을 배려하는 방법을 스스로 찾아가는 것이 중요하다.

: 땔감처럼

찬바람이 불기 시작하면
산골 마을에는 땔감을 마련하느라 분주하다.

나무를 해와도 그게 끝이 아니라
도끼로 패서 장작을 만들어야 한다.
큰 통나무 받침대에 나무를 걸쳐두고
도끼로 힘껏 내리친다.

나무를 쪼갤 때는 기술이 필요하다.
나무의 결을 이용하면 힘을 적게 들여 나무를 쪼갤 수 있다.
그러나 도끼가 나무의 정중앙에 맞지 않으면
나무가 튀거나 해서 위험할 수 있다.

열 번 찍어 안 넘어가는 나무 없다고 했다.
하지만 무턱대고 찍는다고 모두 넘어가는 것은 아니다.
나무의 결을 이용해서 제대로 찍어야 되듯이
열 번을 찍더라도 제대로 찍어야 한다.

: 만족

재주는 곰이 부리고 돈은 왕서방이 번다.
한때는 왕서방의 인생이 성공한 인생이었다.
하지만 세상은 바뀌고 있다.
지금보다 앞으로 더 많이 바뀔 것이다.

삶에 정답은 없다.
곰으로 살든 왕서방으로 살든 마음 편하게 살면 된다.
무엇이 성공한 인생이라 단정 지을 수 없다.

곰은 곰대로 살아가고 왕서방은 왕서방대로 살아가면 된다.
자신의 것이 아닌 남의 것을 탐하지 않고 스스로의 삶에 만족해야 한다.
행복은 자신의 삶을 만족하는 것에서 시작한다.

HAPPY

: 웃음의 힘

웃음은 사람을 변화시킨다.
포기가 아닌 도전으로
절망이 아닌 희망으로
긍정의 에너지를 되찾아 준다.

어린 시절의 웃음은
힘든 현실에 주눅 든 나에게
도전이 되고 희망이 되었다.

그것이 바로 웃음의 힘이다.

: 빈 수레 달리기

빈 수레를 끌고
온 힘을 다해
비포장도로를 달리면
온 동네는 손수레가 내는
시끄러운 마찰 소리에 휩싸인다.

빈 수레 달리기는 신나는 놀이.
나무로 만든 적재함이
손수레와 부딪혀
요란스러운 마찰음을 낸다.

세월이 지나
빈 수레가 요란하다는 말이
부끄러운 뜻임을 알게 되니
오늘도 빈 수레 같은
인생을 살지 말자고 다짐한다.

빈 수레 인생이라도
빈 수레라고 자랑할 필요는 없는 것.
빈 수레 인생이라도
타인에게 피해를 주는 삶이 아니길.

: 넋두리

마음의 벽을 허물기에
넋두리만큼 좋은 것은 없다.
오가는 넋두리 속에
경계심이 사라지고
마음을 나누게 된다.

상대방의 잘난 것은
시기할 수 있어도
아픔까지 모른 척할
모진 사람은 별로 없다.

말로써 표현하고
마음을 나누다 보면
마음의 벽은 허물어지고
따듯한 온정이 느껴지는
행복한 세상이 될 수 있다.

삶의 넋두리를 표현하는 것은
마음을 나누는 것이며,
그것은 말을 매개체로 가능한 일이다.

: 나쁜 일

학생들에게 나의 초등학교 겨울방학 이야기를 하며
나쁜 일은 아무리 모르게 해도 결국 들킨다는 강연을 하고 있다.

산골 소년이었던 나는 어느 날 도시 친척집으로 놀러 갔다.
또래 도시 친구가 생겼고,
나에게 시골에서 구경하기 힘든 외국 동전을 몇 개 선물해 주었다.

나는 선물 받은 외국 동전으로 공짜 오락을 했다.
도시 친구들도 그렇게 몇 번
불량주화나 외국 동전으로 공짜 오락을 했다.

며칠이 지난 어느 날 오락실 주인아저씨에게 들켜 혼이 났다.
세월이 지나 초등학생은 어른이 되었고
학생들 앞에서 절대 나쁜 행동을 하지 말라는 강연을 하고 있다.

: 평생소원

평생소원이 있다면
헤프게 써 보는 것이다.
그것이 무엇이든 마음껏 한번 써 보는 것이
평생의 소원이다.

가난이 삶의 전부인데
어찌 헤프게 쓸 수 있겠는가!
어쩌면 보통의 삶을 살아가는
소시민의 영원한 꿈이 아니겠는가!

TOGETHER

나눔 인생

: 나눔과 희망 사이

광이 넉넉해야 인심도 넉넉하다.
광이 비어 있으면 도와주고 싶어도
그러할 수 없다.
이것이 냉정한 현실이다.

어떤 이는 말한다.
"밥을 나눠주지 말고 밥값을 벌 수 있는 방법을 알려줘라!"
당장 배가 고파 쓰러져 가는 사람에게
밥값을 벌 수 있는 방법이 뭐가 중요하겠는가.

한 끼를 해결해주는 일이 우선이다.
지금 먹어야 허기를 면하고 내일을 기약할 수 있다.
가진 사람이 가지지 못한 사람들을 위해 조금씩 나눈다면
그들은 희망을 갖고 내일을 준비할 수 있다.

우리 모두가 조금씩 나눔을 더하기 시작하면
틀림없이 세상은 행복해질 것이다.

part 3. 변화의 시작

달리자
내 탓이 변화의 시작
잔꾀
텃밭
윗물 아랫물
변화
관심
대장 노릇
단체줄넘기
희망과 욕심
삶의 가치
싫으면 버려라
가는 날이 장날
용
구슬과 보배

: 달리자

기다림의 열정이 지칠 땐 달려야 한다.
자전거도
옷도
신발도 명품이 아닌 싸구려지만,
우리네 인생은 싸구려가 아닌 명품이어야 한다.

기다림은 기필코 희망일 것이라 믿는다.
희망을 향해 오늘도 달려야 한다.

변화의 시작

: 내 탓이 변화의 시작

조직의 변화와 혁신이 조직의 틀을 바꾸는 것입니까?
가족의 변화 또한 가족이란 울타리를 바꾸는 것입니까?
변화와 혁신은 틀이 아닌 생각의 변화에서 시작합니다.
생각이 변하고 행동이 변하면 조직이 변화하는 것입니다.
틀이라는 남 탓이 아닌 내 탓이 변화의 시작입니다.

: 잔꾀

잔꾀를 부리면 큰 사람이 못 되는 법이니
끈기를 갖고 참을성을 키워야 한다.
힘든 순간을 참지 못하고 잔꾀를 부리다가
결국 잔꾀가 들통 난다.

순간이 힘들다고 잔꾀를 부려 이를 모면하려는 것은
참을성을 키우지 못하는 것이다.
살아가면서 어려운 일을 당했을 때 극복할 수 있는
내성을 키우지 못하는 것이다.

잔꾀 부리지 말고
당당하게 맞서 이겨낼 수 있는
강인한 정신력이 필요한 세상이다.

: 텃밭

산골 마을의 텃밭은
신선한 채소를 제공해 주는 중요한 공급원이다.
텃밭에 물주기의 중요성은 알고 있지만,
어린 나이에 텃밭에 매일 물주기가 재미있는 일은 아니었다.

때론 귀찮아서 요령을 피우기도 했고
간혹 텃밭에 물을 주지 않고 주었다고 거짓말을 할 때도 있었다.
하지만 그 거짓말은 그리 오래가지 못했다.
이틀 정도만 물을 주지 않으면 채소가 시들해지기 때문이다.

아무리 잘 자라는 채소도 물이 없으면 말라 죽는다.
열심히 개울에서 물을 길어다가 채소에 물을 주면 주는 만큼 자란다.
어린 나이었지만 혼이 몇 번 난 후에 그 이치를 깨닫게 되었다.

변화의 시작

: 윗물 아랫물

윗물이 흐리면 아랫물도 흐리고
윗물이 맑으면 아랫물도 맑다.
지금을 살아가는 우리들은 어떨까?

자신은 올바른 행동을 하지 못하면서
부하 직원이나 후배나 자식에게
올바른 행동을 강요하고 있지 않을까?

자신은 맑지 못하면서 아랫사람이 맑기를 바란다면
얼마나 우스운 일이겠는가!

'윗물이 맑아야 아랫물이 맑다.'는 진실을 간과하지 말아야 한다.
우리에겐 끊임없는 자아 성찰의 시간이 필요하다.

: 변화

변화를 인지하지 못하는 것만큼 무서운 것은 없다.

뜨거운 물이 담긴 냄비에 개구리를 넣으면
개구리는 놀라 냄비 밖으로 도망친다.
하지만 냄비에 개구리를 넣고 서서히 물을 끓이면
개구리는 물 온도를 인지하지 못하고
결국엔 뜨거워진 물에 죽음을 맞이한다.

우리는 이미 변화의 중요성을 알고 있다.
하지만 알고 있는 것을 실천에 옮기지 못하는 경우가 많다.
가랑비가 세상을 적시고 있는데
사람들이 가랑비를 인지하지 못한다면 그것이 무서운 것이다.
변화하고 있다는 것 자체를 인지하지 못한다면 영원히 도태되고 만다.

변화의 시작

: 관심

서당 개 삼 년이면 풍월을 한다.
하지만 전제 조건이 있다.
그것은 관심이다.
서당 개도 글에 대한 관심이 있어야 풍월을 할 수 있다.

주위를 둘러보면 여기저기 충분히 많은 기회들이 있다.
기회는 내가 만들고 찾아가는 것이다.
어떤 분야에 지식과 경험이 전혀 없는 사람이라도
관심을 가지면 기회를 찾을 수 있다.

살면서 덤으로 얻을 수 있는 행운이 많다.
자신의 직업이 아니라도 주위에 관심을 기울이고 살다 보면
의외의 행운이 찾아온다.
행운은 내가 만든 기회의 길을 따라 찾아오는 것이다.

: 대장 노릇

보일러가 없었던 시절
나무로 아궁이에 불을 지펴 난방을 했다.
나무가 땔감으로 소멸되고
산에는 숲이 형성되지 못했다.

숲이 사라지면서
산에 동물들도 사라지기 시작했다.
사자와 호랑이가 대한민국 산천을 누비던 이야기는
호랑이 담배 피던 시절의 이야기가 되었다.

힘겨운 역사는 지나가고
그 시절은 아련한 추억이 되었다.

세월이 지나 산골 마을 산에는 나무가 자라나고
다시금 동물들이 늘어나기 시작했다.
하지만 울창한 숲에는 사자도 없고 호랑이도 없다.
사자 없는 산에 토끼가 대장 노릇 하는 세상이 되었다.

: 단체줄넘기

회사 체육대회 날 빠지지 않는 종목 단체줄넘기.
사원들의 협동심을 기르기 위한 운동이다.
줄넘기는 지식으로 할 수 없다.
사공이 많으면 배가 바다로 나가지 못하고 산으로 올라간다.

사공이 많아 줄넘기 연습은 하지도 않고 이야기만 늘어놓은 팀은
당연히 줄을 몇 회 넘지도 못하고 걸리고 만다.
하지만 줄넘기 고수의 빠른 판단으로 담당을 정하고 연습한 팀은
경기에서 줄넘기 횟수의 최고를 기록하고 우승한다.

똑똑한 여러 사람이 있는 조직보다는
동료를 믿고 마음을 하나로 모을 수 있는 조직이 훨씬 발전한다.
가정이든 회사든 마찬가지다.
마음을 하나로 모으고 원하는 방향으로 나아가는 연습이 필요하다.

: 희망과 욕심

힘겨운 현실에서
더 잘살아보겠다는 욕심이 인생을 바꾸기도 한다.

부족한 현실에서 욕심이
때론 희망이 될 수도 있다.

욕심이 있어야
인생을 바꿔 볼 희망이라도 생긴다.

욕심과 희망의 평행선을 잘 정리하면
삶은 욕심이 아니라 희망이 된다.
그렇지 않으면 희망은 욕심이 돼버린다.

내가 욕심이 아니라고 우긴다고 희망이 되는 것이 아니듯
내가 희망이라 우긴다고 욕심이 안 되는 것도 아니다.

욕심과 희망은 사회적 가치를 기준으로 결정되는 것이며
결코 혼자의 것으로 판단될 수 없다.
희망이 욕심이 되고, 욕심이 희망이 되는 인생.

: 삶의 가치

미꾸라지 한 마리가 온 우물을 흐리지만
미꾸라지는 자기가 우물을 흐리고 있다는 생각을 못 한다.
단지 우물이라는 환경에 적응했을 뿐이다.

타인의 입장에서 보면 미꾸라지는 불필요한 존재다.
미꾸라지는 우물이 아닌 개울에 있어야 한다.

사람도 있어야 할 위치가 다르다.
사람마다 가치가 다르고 살아가는 방법이 다르다.

자신을 필요로 하는 곳에서
제대로 된 자신의 가치를 평가받으며 살아야 한다.

: 싫으면 버려라

멋진 직장생활 이면에 그렇지 못한 면도 있다.
괜한 트집을 잡으며 괴롭히기 시작하면 끝도 없다.
도대체 인생이 왜 이런지 원망도 해보지만 별도리가 없다.

남자답게 계급장 떼고 한판 맞짱을 뜨고 싶기도 하지만
직장생활이라 차마 말할 수 없게 된다.
고민에 고민을 거듭한 후 결론을 내린다.

결론은 괴롭히는 사람을 피하는 것이다.
똥 밟았다 생각하고 그 똥을 앞으로는 밟지 않도록 피한다.
똥은 더러워서 피하지 무서워서 피하지 않는다.

대꾸하지 않고 눈을 마주치지 않는 시간이 길어지면
괴롭히는 직원도 제풀에 기가 꺾인다.
더러운 것은 피하는 것이 제일 현명한 방법이다.

: 가는 날이 장날

가는 날이 장날인 상황은 수없이 많다.
우리가 살아가는 인생 자체가 장날이다.
희망하는 것과 현실과의 괴리감 속에서 살아가는 것이
우리네 인생이다.
그러니 늘 가는 날이 장날인 것처럼 보이는 것이다.

현실과 이상을 조금 더 가깝게 생각하고
마음을 편하게 먹고 이치에 지나치지 않도록 살아간다면
가는 날이 장날이 되지 않을 수 있다.
욕심을 버릴 수 있다면 장날이 줄어든다.

욕심은 집착을 만들고 집착은 번뇌를 만들 뿐이다.
물론 욕심을 버리는 일은 결코 쉬운 일은 아니다.
어쩌면 죽는 그 날까지 욕심 버리는 연습을 하고 있는지도 모른다.
그러나 욕심을 버리는 일에 익숙하게 되면 행복은 배가 된다.

변화의 시작

: 용

'용'이 누구나 쉽게 근접할 수 없는 존재가 아니라
누구나 쉽게 이룰 수 있는 '꿈'의 주체가 '용'인 세상.
그렇게 생각하고 살면 세상 살기 참 쉽지 않을까?
조그마한 '꿈'을 이루고 나면 또 다른 '꿈'을 꾼다.
그러면 '용'은 새로운 '용'으로 바뀌는 것이다.

누구나 '용'이 되는 행복한 세상.
물론 대중이 인정하는 '용'은 아니다.
타인이 인정하는 것은 그리 중요하지 않다.
자신이 만족하면 충분하다.
대중이 인정하는 '용'이 되고자 죽기 살기로 애쓰다
불행하게 삶을 마감하는 것보다 훨씬 좋다.
스스로 '용'이 되었다고 인정하면 그뿐이다.

: 구슬과 보배

구슬이 서 말이라도 꿰어야 보배다.
회사는 조직원의 탄탄한 결속력 위에 존재한다.
회사를 구성하는 조직원들의 결속력이 없이 회사가 발전할 수 없다.
조직원들의 사명감과 결속력이 더해져 회사는 성장할 수 있다.

구슬은 회사를 구성하는 사원들이다.
구슬이 제대로 조합을 이루면 값비싼 진주 목걸이가 된다.
사원들이 결속력을 가질 수 있도록 충분한 동기부여가 있다면
회사의 미래는 충분히 밝을 것이다.

part 4. 기다림의 열정

열정
기다림
한 치 앞
공든 탑
달걀온밥
꿈은 이루어진다
사막 메뚜기
소중함
꽃과 나비
뿌리 깊은 나무
썰매 타기
우물 안 개구리
백지장

: 열정

10년 전 리비아에서 열정 하나로 살았습니다.
두 주먹을 불끈 쥐고 이를 악물고 살았습니다.
다시금 열정에 기다림을 더해서 살아보겠습니다.

: 기다림

기다림의 열정.
기다림이 느림과 친구가 되는 날.
열정으로 쉼 없이 달려온 인생.
느림의 여유를 만끽합니다.
서울행 무궁화호 열차는 기다림으로 달립니다.

: 한 치 앞

한 치 앞도 모르고 살아가는 인생이다.
한 치 앞도 모르면서
남들보다 조금이라도 빨리 가려고
아득바득 살아가는 인생이다.
내일 눈뜨고 싶을 때
못 뜨면 끝나는 것도 인생이다.
어찌 보면 한 줌 흙으로 돌아갈
보잘것없는 게 인생이다.

어떤 마음으로 어떻게 살아가느냐에 따라
인생은 바뀔 수 있다.
고민만 한다고 바뀔 인생이라면
고민하는 것이 정답이다.
그러나 인생의 답은 시간에 있다.
기다릴 줄 아는 인생이
남들보다 조금 늦게 가더라도 올바른 답을 찾는다.
시간에 쫓기는 각박한 세상에 정답이 있다면
그것은 기다림이다.

기다림의 열정

: 공든 탑

어제까지 열심히 쌓아올린 탑이
나의 의지와는 상관없이
외부의 영향으로 하루아침에 무너질 때
그 허탈감이란 말로 표현할 수 없이 참담하다.

무작정 희망만 바라보고
다시 탑을 쌓아올리기엔
무너진 삶의 상처가 너무 크다.
포기는 한순간이고 후회는 평생 간다.

훌훌 털고 이제라도 다시 도전하는 것이
포기하고 평생을 후회하며 살아가는 것보다
훨씬 가치 있는 삶이다.
이것이 힘든 오늘 하루를 버틸 수 있는 희망의 근거다.

: 달걀온밥

개울가에서 마른 나무 잔가지로 불을 피워
달걀 껍데기에 쌀을 넣고
달걀온밥을 만들어 먹는다.

달걀온밥은
시골아이들의 한겨울 배고픔을 달래주는 먹거리였다.
그것은 기다림을 배우는 먹거리였다.

기다림에 익숙하지 못한 삶을 살아가는 세상.
'빨리빨리'가 몸에 익숙한 세상을 살고 있다.
'빨리'가 빨리 갈 수는 있지만 바르게 갈 수 있는 것은 아니다.
바르게 갈 수 있는 삶에는 때론 '기다림'이 필요하다.
기다림이 익숙한 삶을 살 수 있다면 이 또한 행복한 인생이다.

기다림의 열정

: 꿈은 이루어진다

꿈은 이루어진다.
2002년 한일월드컵은 그 사실을 증명해 보였다.
대한민국을 월드컵 4강이라는 흥분의 도가니로 몰아넣었다.
불가능할 것 같았던 월드컵 4강 진출은
꿈은 이루어지는 진실을
대한민국 국민들에게 확인시켜주기에 충분했다.

꿈은 반드시 이루어진다.
믿지 않고 실천하지 않는 사람에게 꿈은 이루어지지 않는다.
믿은 것을 말로 하고 말한 것을 실천하는 과정이 반복되면
반드시 꿈은 이루어진다.

: 사막 메뚜기

사막 메뚜기는 무시무시하다.
떼로 이동하면서 먹잇감을 찾아 무섭게 먹어치운다.
리비아에서 근무한지 1년 6개월쯤 지났을 무렵
사막의 괴물 메뚜기가
농경지를 만드는 근무 현장으로 찾아왔다.

저수지가 완성되고 경작지를 만들어 물을 보내
한창 곡식이 자라고 있을 때였다.

농경지에 날아든 사막 메뚜기 떼는
잎, 줄기, 곡식 어느 하나 남기는 것 없이
모조리 먹어치우며 경작지 일부를 사정없이 초토화 시켰다.
현장 근무자 300여 명이 모두 발 벗고 나서
메뚜기 떼와 사투를 벌였다.

결과는 사람의 승리.
사막의 메뚜기 떼는 자취를 감추었다.

무시무시한 사막의 무법자

하지만 지나는 순간만 잘 지켜내면 사막의 무법자도 두렵지 않다.

순간의 두려움을 견디지 못하고 인생을 그르쳐서는 안 된다.

: 소중함

푸름이 가득한 한국에서는
낙엽 지고 매서운 추위가 찾아오는
겨울이 되어야 소나무의 푸르름을 알 수 있다.

그러나 모래사막이 전부인 나라 리비아에서는
푸름이란 절체절명의 희망이다.

시간이 지나 주위 사람들이 하나둘 떠나고 나면
자신의 곁을 묵묵히 지켜준 사람의 소중함을 알게 된다.

리비아 생활 2년 동안 뼈저리게 느낀 것은 감사함이다.
항상 감사하며 살아간다면 훨씬 행복한 삶이 될 것이다.

: 꽃과 나비

농사는 거짓말을 하지 않는다.
꽃이 좋아야 나비가 모이듯
농사의 결과에 따라 상인들이 모인다.

1년 농사를 열심히 지어놓으면
장사꾼이 많이 모여든다.
결코 농부의 땀을 헛되게 하지 않는다.

좋은 꽃을 찾아온 나비는
정성으로 꽃을 재배한 농부에게 넉넉한 보상을 한다.
제대로 땀의 가치를 보상받는 시간이다.

때론 넉넉할 수 있고, 때론 부족할 수 있는 보상이지만
항상 주어진 현실에 만족하는 농부의 마음만은 넉넉하다.
최선을 다할 줄 알아야 우리의 삶도 제대로 된 열매를 맺을 수 있다.

: 뿌리 깊은 나무

나무도 뿌리가 중요하듯
사람에게도 뿌리가 중요하다.

어디서 어떻게 태어나 자랐고
어떻게 살아갈 것인가를 고민하는 것은
모두가 뿌리에 근간한 것이다.

수백 년 또는 수천 년을 이어온 뿌리가 중요하듯
현재를 이루고 있는 가족의 뿌리 또한 소중한 가치다.

자신의 뿌리를 인정하고 소중하게 생각할 줄 알아야
현재의 나도 존재하는 것이다.

: 썰매 타기

산골 마을 겨울의 최고 인기 놀이
썰매 타기.
겨울이 오면 개울이 얼기를 기다린다.
살얼음이 얼기 시작하면 매일 개울가로 나가
얼음이 얼마나 단단하게 얼었는지 확인한다.

큰 돌멩이를 던져 깨지지 않으면
한 발 한 발 얼음 위를 걸어가며 발로 힘껏 차본다.
살얼음에는 썰매를 탈 수 없다.
얼음이 얼마나 단단하게 얼었는지 확인하고
드디어 썰매 타기를 시작한다.

산골 마을 아이들은 알고 있었다.
살얼음이 단단해질 때까지 기다려야 하는 이유를…

기다림의 열정

: 우물 안 개구리

한국을 떠나 리비아에서 또 다른 세상을 만났다.
세상은 넓고 할 일은 많았다.
지금까지 나는 얼마나 우물 안 개구리 인생이었는가!
물론 지금도 우물 안 개구리 인생이다.
지금 보는 것이 결코 전부가 아니기에 당연한 말이다.
우물 안 개구리임을 인정하는 인생은 행복한 인생이다.
자신이 우물 안 개구리임을 알지도 못하고 살아가는 경우도 허다하다.
지금 바라보는 세상이 전부가 아니라고 인정하는 순간
우물 안 개구리는 또 다른 세상을 만날 준비를 완료한 것이다.

: 백지장

백지장도 맞들면 낫다.
더 무거운 것을 맞들면 더 큰 보람이 있을 것이다.
세상 모든 사람들이 비록 아깝지만
거리낌 없이 자신의 주머니에 있는 돈을
자신보다 더 어려운 사람들을 위해 기부하는 행복한 세상.
언젠가는 그러한 행복한 세상이 찾아올 것이라 믿는다.

기업을 구성하고 있는 구성원 전체가 나눔을 실천하고
사회적 책임을 다하는 것에 앞장서는 세상이야말로
우리 모두가 꿈꾸는 희망세상이다.

part 5. 희망의 길

길
도전
한 우물
삭발투혼
용기
남 탓
나눔
기대
밤나무
악
이웃사촌
희망의 봄

: 길

갈 곳이 없어졌다.
하지만 갈 길은 많아졌다.
길을 가다 보면 오아시스를 만날 것이다.
새로운 길을 선택할 시점이다.
오아시스를 만나는 길은 희망이 될 것이다.

: 도전

새로움에 도전한다는 것은
삶을 살아갈 소중한 가치다.

도전으로 부과되는 일련의 고통은
충분히 견뎌 내야 할 과제다.

하지만 너무 큰 희망의 끝에선
가늠할 수 없는 실망을 만난다.

하나도 이루지 못하면서 욕심을 앞세우다가는
도리어 이루어 놓은 일까지 망치게 된다.

아무리 쉬운 일이라도 욕심을 내지 말아야 한다.
주어진 현실에 만족함 없이는 희망찬 내일도 없다.

오늘 하루하루에 만족하는 삶이
행복한 내일을 준비하는 가장 기본이다.

하나를 이루어야 또 다른 하나를 이루는 것이
삶의 진실임을 잊어버리지 말자.

희망의 길

: 한 우물

사명감이라는 이름으로 한길을 걸었다.
2014년이면 10년이 된다.
10년이면 강산도 바뀐다.

주위를 기웃거리지 않고 오로지 한 우물을 팠다.
변함없이 한길을 향해 달려가고 있다.
언젠가는 기필코 그날이 올 것이라 기대한다.

우물을 파도 한 우물을 파는 진실을 믿는다.
인생은 계속 진행형이기에 재미난 것이다.
앞으로 이룰 수 있다는 것이 많다는 것은 그만큼 행복한 일이다.

지난 10년처럼 앞으로도 후회하지 않고 거침없이
그 한길로 달려갈 생각이다.
기다림의 시간이 큰 만큼 행복도 클 것이라 믿는다.

: 삭발투혼

병원비 마련을 위해 떠난 리비아.
50℃ 넘는 폭염 속에서 살아보겠다는 열정.
그 열정이 무너지는 자신이 괴로워
그래도 살아보겠다고 세 번의 삭발.
삭발투혼의 열정은 희망이라는 디딤돌.

: 용기

혹독한 경험을 한 후에
용기라는 것이 생긴다.
범을 무서워한다면
결코 범을 잡을 수 없다.

무서움을 떨쳐버릴 용기가 있어야
범을 잡을 수 있다.
용기는 겁나지 않는 것이 아니라
겁이 나도 하는 것이다.

오늘도 나는
겁이 난다고 뒤에서 숨는 것이 아니라
당당하게 맞설 수 있는
용기 있는 삶을 살기를 희망한다.

희망의 길

남 탓

서툰 무당이 장구만 나무란다.
남을 탓하는 것이다.

도전할 용기도 없으면서
힘든 과정을 이겨낼 자신감도 없으면서
단지 남의 탓으로 돌리는 것이다.

어찌 보면 그것이 참으로 속 편한 인생일 수 있다.
하지만 도전하지 않고 참아내지 못하면서
성취할 수 있는 것은 아무것도 없다.

인생은 자신이 자신의 것을 스스로 살아가는 것이다.
남을 탓하기에 앞서 자신의 참모습을 찾고
제대로 된 자신의 삶을 살아갈 수 있다면
이것이 진정한 행복이다.

남을 탓하는 인생이 아니라
스스로를 책임져야 제대로 된 인생이다.

: 나눔

부자는 숫자로 가늠하는 것이 아니라
마음으로 가늠한다.

가지고 있음이 부족하다고 생각하면 가난하고
가지고 있음이 넉넉하다고 생각하면 부자가 된다.
적게 가져도 나눌 수 있다면
그 넉넉한 마음만으로도 행복한 인생을 살 수 있다.

세상은 변했고 앞으로 변할 것이다.
세상이 다 변해도 변하지 말아야 할 것이 있다면
그것은 나누는 마음이다.
나눔으로 소통하는 세상만이
우리가 만들 수 있는 행복한 세상이라 믿는다.

희망의 길

: 기대

각박한 현실을 부정하고픈 마음으로
현실과 무관하게 항상 좋은 것을 기대했다.

팥을 심어놓고 콩이 되기를 기대했던 나에게
결과는 항상 욕심을 버리라고 말했다.

땅에 콩을 심으면 콩이 나고 팥을 심으면 팥이 난다.
기대 이상의 욕심을 버려야 하는 이유다.

살면서 욕심을 버릴 수 없다면
콩과 팥이 주는 자연의 이치를 돌아보자.

결과는 틀림없이 이유에 근거한다.
기대 이상의 욕심을 버리고 현실에 만족할 줄 알아야 한다.

: 밤나무

돌산을 일구어
밤나무 500그루의 어린 묘목을
심고 가꾸고

튼실한 나무가 되도록
퇴비도 주고
풀도 베고

정성을 다해도
척박한 돌산에서
버티기엔 역부족인가 보다.

묘목의 가지에 돋은
어린잎만 보아도
생기가 있고 없고를 판단해

살아남지 못할 묘목은
망설임 없이 뽑아
새로운 묘목으로 심고 가꾸고

땅에서 나고 자란
산골 마을 농부의 식견은
틀리는 법이 없다.

: 약

약도 지나치면 해롭다.
무조건 많다고 좋은 것이 아니다.
그러나 유독 인간관계에서 만은
많은 것이 좋다고 생각한다.

사람과의 관계 속에서 다양한 자신이 존재하고
시간이 지날수록 관계 또한 다양해진다.
때론 그 속에서
자신의 정체성이 혼란스러울 때도 있다.

사람과의 관계라는 약도
지나치지 않는 것이 좋다.
소수의 관계 속에 진정성이 있다면
이것은 다수의 관계보다 훨씬 인간적이고 윤택한 삶이 된다.

: 이웃사촌

내 고향 산골 마을은
멀리 있는 사촌보다 이웃집과 훨씬 가깝다.

네 가구가 마을을 이루고 살고 있는 고향에는
천금을 주고도 못 사는 이웃이 있다.

아들은 고향을 떠나 서울에서 직장을 다니고 있으니
자식보다 이웃이 더 가까운 것이 현실이다.

산골 마을에는 갑자기 전화가 불통이 될 때도 있고
대중교통이 운행을 안 할 때도 있다.

걱정이 앞서 발을 동동 구르고 있을 때
항상 아랫집으로 전화하여 부탁을 한다.

작은 관심과 배려를 통해 이웃은 사촌이 된다.
이웃이 원수가 아니라 사촌으로 살아갈 수 있는 세상이
행복한 세상이다.

: 희망의 봄

봄, 여름, 가을, 겨울
쉼 없이 돌고 돈다.

병마와 싸우며
힘겨운 시간을 보내고 있는
우리 가족에게 겨울은
항상 냉혹했다.

지금도 내 인생은 한창 겨울이다.
언제 희망의 봄이 올지 모르겠다.
어쩌면 영원히 봄은 오지 않을 것이라는
불안감에 휩싸이기도 한다.

겨울이 지나면
기필코 봄이 오기에 포기하지 않는다.
어린 시절 그 혹독한 겨울에 비하면
그래도 지금은 살만하다.

준비하고 기다리면
반드시 봄날은 올 것이다.
따뜻한 봄을 기다리며 오늘도
냉혹한 현실을 희망의 기다림으로 보낸다.

part 6. 인생 그리고 시간

찰나 같은 인생
오는 정 가는 정
자전거
사랑의 매
서리
나이 이길 장사
익은 벼
올챙이
이름
화려한 싱글
첫눈
마지막 사랑

: 찰나 같은 인생

여름이 지나면 여름이 그립고,
겨울이 지나면 겨울이 그립다.
지나면 그리운 것이 인생.
달리는 KTX 창밖의 풍경만큼 빠른 것이 인생.
찰나 같은 인생 사랑하고 그리워하며 살자.

: 오는 정 가는 정

네 가구가 모여 사는
산골 마을의 여름은
반딧불이가 하늘의 별만큼 많은
자연 그대로의 삶.

저녁 식사를 하고
하나둘 바구니에 먹을 것을 챙겨
개울가 다리 위에 모이면
흘러가는 개울물에 더위를 씻는다.

찐 감자로 여름밤을 보내기도 하고,
때론 구운 감자도 나온다.
옥수수는 단골 메뉴
밭에서 방금 따온 오이도 신선한 간식이다.

한여름 밤의 산골 마을에는
달빛에 별빛이 색을 더하고
반딧불이 어울려져

환상의 빛 축제가 연출된다.

지칠 줄 모르는 개구리 울음소리와
짬짬이 들려오는 부엉이 소리는
시골 밤의 한적함을 깨우고
빛의 향연과 훌륭한 음악이 화룡점정을 이룬다.

정을 나누는 그 자체로 행복한 시간
하루하루 각박한 현실 속에 살아가는 우리네 삶에서
찾아보기 힘든 옛날이야기.

바구니 한가득 담긴 오는 정 가는 정이 그립다.
살기 좋아졌다고 정이 넘쳐나는 세상은 아니기에
더욱더 그 시절이 그립다.

: 자전거

불혹을 넘긴 나이에
자전거를 탄다.

나이만큼 늘어난
야속한 뱃살 덕분에
자전거를 탄다.

학창시절의 자전거는
시간을 실어 나르고,
불혹의 나이에 자전거는
비움을 실어 나른다.

인생 그리고 시간

: 사랑의 매

사랑의 크기를 매와 연관시킬 수 없지만
그 시절 사랑의 매가 그립다.

요즘 학교에서는 선생님이 매를 못 든다고 한다.
나의 어린 시절에는 매를 맞고 나면
친구들끼리 서로 누가 겁내지 않고
당당하게 매를 맞았다는 식의 자랑도 했었다.

매를 맞는 것이 학교생활의 일부분이라고
당연하게 생각했던 시절이다.

세월이 흘러 스승과 제자가 함께 나이를 더해가고
그 시절 결코 잊을 수 없는 은사님의 사랑의 매가
오늘을 살아가는 힘이 되고 있으니
그 시절 사랑의 매가 생각난다.

: 서리

어린 시절 추억으로 남은 서리는
틀림없이 도둑질이다.

돌이켜보면 서리는 추억으로 남을 뿐
그 이상도 이하도 아니었다.

모두가 가난했던 그 시절.
가난했지만 서로를 이해하며
'서리'라는 이름으로 나누었다.

자신도 가난하지만 더 가난한 사람들을 위해
'서리'라는 이름으로 나눌 줄 알던
그 시절의 따듯한 마음이 그립다.

인생 그리고 시간

: 나이 이길 장사

10년이면 강산도 변하는데
나이 이길 장사가 어디 있겠는가?

세월의 흐름이 나이인데
억지로 잡아둔다고 멈춰있는 것이 아니다.

21세기 의학기술은 세월을 잠시 잡아두는 것에 도전하고 있다.
하지만 명확한 사실은 세월을 거슬러 나이를 이길 장사는 없다.

이것은 인생무상이다.
후회 없는 삶을 살아야 할 이유다.

태어나는 순간 죽음을 향해 달려가는 것이 인생임을
서글프지만 받아들여야 할 나이가 되어가고 있다.

: 익은 벼

꼬불꼬불 계단식 천수답에
손으로 직접 모를 심었다.
한여름 동안 두레박으로
수없이 물을 퍼 올렸다.

파랗던 벼가 누런색으로 옷을 갈아입자
고개를 숙이기 시작했다.

벼는 마지막 힘을 다해
이삭의 무게를 지탱하고
튼실한 알이 영글었다.
온 들에는 풍요로움이 가득했다.

벼가 고개를 숙이기까지
그 얼마나 어려운 과정인가!

우리는 평생 고개 숙이는 연습을 하며 살고 있다.
익은 벼가 고개를 숙이듯
우리네 삶도 항상 자신을 낮출 수 있기를 희망한다.

인생 그리고 시간

: 올챙이

개구리 올챙이 적 생각 못 한다.
적어도 내가 살아온 길은 그러하다.

개구리 올챙이 적 생각 못 하고 짜증을 많이 냈다.
살다 보면 이런 경우가 많다.

과거를 망각하고 현실만을 고집하는 삶은
쉽게 짜증 내고 쉽게 포기한다.

힘들었던 과거를 잊지 않고 살아간다면
힘들다고 짜증 내고 힘들다고 쉽게 포기하는 일은 줄어든다.

아무리 힘든 시간도
과거의 그것에 비교할 바가 못 된다고 생각하면 인생이 즐겁다.

앞으로 살아갈 인생은 항상 즐거움이 가득하기 때문이다.
개구리 올챙이 적 생각하는 삶이길 바란다.

: 이름

이 세상에 태어나 이름을 갖고 평생 살아간다.
그리고 이름을 남기고 세상에서 사라진다.
어떤 이는 그 이름이 내일 잊힐 수도 있고
어떤 이는 수십 년 수백 년이 지나도 남는다.

후손들은 가치 있는 삶을 오랫동안 기억하고
그분들의 삶을 배우고 실천하며 이름을 오랫동안 기억한다.
자신을 위한 삶이 아닌
조국과 민족을 위한 가치 있는 삶.
세상이 변해도 삶의 소중한 가치는 변하지 않는다.

: 화려한 싱글

일찍 결혼한 친구들은 자식이 대학교에 입학했다.
'창수 스타일' 결혼식 사회자로 제법 유명했던 나는
불혹을 넘긴 나이에 아직도 화려한 싱글이다.

아픈 가족을 뒷바라지한다는 이유로
결혼을 할 수 없다고 말하긴 하지만,
그것이 결혼을 못 한 정당한 이유가 될 수 없다.

사회를 봐준 친구들은 아들딸 낳고 멋지게 잘살고 있다.
그 멋진 결혼생활에 당당하게 일조한 나는
화려한 싱글을 자처하고 있는 웃지 못할 상황이다.

결혼을 못 한 것도 병이다.
부모님께 그리고 국가에 당연한 의무를 못 하고 있는 것이니 중병이다.
결혼을 못 한 중병을 하루라도 빨리 고치고 싶다.
어디 참한 여자분 없을까 주위를 더 열심히 찾아봐야겠다.

: 첫눈

광화문에 첫눈이 내린다.
불혹의 나이.
변함없이 흔들림 없이 살아가라고,
어김없이 광화문에 첫눈이 내린다.

첫눈 내리는 광화문
사랑을 노래하는 연인들의 발걸음이 분주하다.
사랑의 속삭임이 아름답다.
또 다른 첫눈이 내리면,
광화문에서 사랑을 노래하리라.

: 마지막 사랑

사랑에 선착순이 있다면
1등은 첫사랑.
사랑에 성적순이 있다면
1등은 마지막 사랑.

첫사랑은
평생을 안고 갈 간절함이요,
마지막 사랑은
평생을 기대고 살아갈 행복이다.

편집후기

도서출판 행복에너지 대표
권 선 복

건설회사에서 16년 동안 근무한 그가
에세이를 세 권 내고
이번에는 시집을 내겠다고 찾아왔다.
선뜻 내키지는 않았지만
그의 원고를 찬찬히 읽어보니
시에서 그의 삶을 느낄 수 있었다.

그는 자기계발도 시를 통해 할 수 있다고 말한다.
시가 문학이라는 고정관념을 벗어나
자기계발을 꾀하는 도구로 시를 탈바꿈한 것이다.

순수문학의 굴레를 벗은
그의 시집 『생각을 벗어라』는
총 6장으로 나누었다.
먼저 1장에는 김창수라는 사람.
헌혈홍보위원이자 2주에 한 번씩 꼬박꼬박 헌혈하며
늘 나눌 줄 아는 그의 소개가 들어있다.

2장에는 그가 살아가는 삶의 방식을 담았다.
가난과 어려움을 극복하며 사는 그의 삶은
다른 이의 마음까지 움직일 수 있을 정도의 무게를 지녔다.

3장은 16년간 한길을 걸어온 그의 발걸음.
한 직장에 오랫동안 다닌 그가 돌아보며
느끼고 깨달은 것을 시로 옮겼다.
4장과 5장에는 기다림으로 새로움과 변화를 만들어 가는
열정과 나눔으로 만드는 희망찬 미래를 꿈꾸고 있다.

그리고 마지막 6장에는 인생과 사랑을 말한다.
누군가에게는 사랑, 누군가에게 그리움으로
가득했을 시간을 보내는 인생을 노래한다.

그는 시집의 제목처럼 생각을 벗고
누구나 시를 쓸 수 있다고 말한다.
나 역시 누구나 시를 쓰자는 그의 생각을
백 프로 천 프로 공감한다.
누구나 시를 쓰는 희망 세상에
나도 일조하게 되어 기쁘다.

'행복에너지'의 해피 대한민국 프로젝트!
〈모교 책 보내기 운동〉

대한민국의 뿌리, 대한민국의 미래 **청소년·청년**들에게 **책**을 보내주세요.

많은 학교의 도서관이 가난해지고 있습니다. 그만큼 많은 학생들의 마음 또한 가난해지고 있습니다. 학교 도서관에는 색이 바래고 찢어진 책들이 나뒹굽니다. 더럽고 먼지만 앉은 책을 과연 누가 읽고 싶어 할까요? 게임과 스마트폰에 중독된 초·중고생들, 입시의 문턱 앞에서 문제집에만 매달리는 고등학생들, 험난한 취업 준비에 책 읽을 시간조차 없는 대학생들, 아무런 꿈도 없이 정해진 길을 따라서만 가는 젊은이들이 과연 대한민국을 이끌 수 있을까요?

한 권의 책은 한 사람의 인생을 바꾸는 힘을 가지고 있습니다. 한 사람의 인생이 바뀌면 한 나라의 국운이 바뀝니다. **저희 행복에너지에서는 베스트셀러와 각종 기관에서 우수도서로 선정된 도서를 중심으로 〈모교 책 보내기 운동〉을 펼치고 있습니다.** 대한민국의 미래, 젊은이들에게 좋은 책을 보내주십시오. 독자 여러분의 자랑스러운 모교에 보내진 한 권의 책은 더 크게 성장할 대한민국의 발판이 될 것입니다.

도서출판 행복에너지를 성원해주시는 독자 여러분의 많은 관심과 참여 부탁드리겠습니다.

 임직원 일동

70대 인생을 재미있고 신나게 사는 이야기
김 현·조동현 지음 | 268쪽 | 값 13,500원

저자 부부는 70대란 나이는 숫자에 불과하며 자신이 좋아하면서도 타인에게 도움을 줄 수 있는 일에 매진하면 얼마든지 노후를 신나고 재미있게 보낼 수 있다고 전한다. 초고령화사회를 눈앞에 둔 대한민국 사회에 가장 필요한 이야기에 귀 기울여 보자.

성공하는 자녀의 네 가지 비밀
박찬승 지음 | 300쪽 | 값 15,000원

책 『성공하는 자녀의 네 가지 비밀』은 자녀들의 성장 가능성과 적성을 가늠해보고, 아이들의 자존감과 자립심을 돕는 방법을 배울 수 있도록 구성되었다. 현재 대전 유성고 교장인 저자가 풍부한 현장 경험을 통해 알아낸 영재 공부 비법과 효율적인 학습법 또한 함께 담겨있다.

나는 오늘도 도전을 꿈꾼다
원유철 지음 | 264쪽 | 값 15,000원

1991년 경기도의회 최연소 의원으로 정계에 입문(28세)했던 원유철 국회의원(현역, 4선)이 전하는 삶의 이야기를 담은 책이다. 허기, 패기, 끈기, 용기라는 네 가지 주제를 중심으로 인생 역정과 정치인으로서의 행보 그리고 국민 모두의 행복한 삶을 위한 비전을 제시한다.

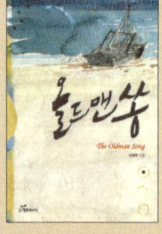

올드맨쏭
이제락 지음 | 264쪽 | 값 13,000원

배우에서 영화감독으로 이제는 작가로! 다양한 재주꾼, 이제락의 첫 소설! 거듭된 이별이 가져다준 상처투성이 삶을 끌어안고 살아가는 한 사내와 그 앞에 음악처럼 운명처럼 찾아온 아이의 감동적인 이야기. "이토록 위대한 만남을 위해 우리들의 이별은 거룩했다."

꿈의 크기만큼 자란다

조영탁 지음 | 280쪽 | 값 15,000원

'꿈'이라는 목표가 있기에 삶은 가치가 있고 사람은 미래를 향해 전진한다. 가장 중요한 점은 꿈의 크기에 한계를 두지 않았을 때 사람은 성장한다는 사실이다. 지금보다 더 '큰 사람'이 되고 싶다면, 성공을 위한 비전을 정확히 내다보고 싶다면 『꿈의 크기만큼 자란다』와 그 첫발을 시작해 보자.

소리 1 - 한이 혼을 부르다

정상래 지음 | 352쪽 | 값 13,500원

쏟아져 나오는 책은 많지만 읽을거리가 없다고 탄식하는 독자들이 많다. 그렇다면 근대 한국사에 담긴 우리 한恨의 정서에 관심이 있다면, 대하소설의 참맛에 대해 잘 알고 있다면, 정말 제대로 된 작품을 읽어볼 요량이라면 이 소설은 독자를 위한 더할 나위 없는 선물이자 생을 관통할 화두가 되어 줄 것이다.

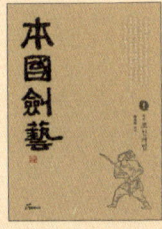

본국검예 1 조선세법

임성묵 편저 | 560쪽 | 값 48,000원

'조선세법朝鮮勢法'은 단순한 무예서가 아니다. 상고시대 한민족의 신화와 정신문화가 선진문화였음을 밝히는 중요한 사료이다. 조선세법의 전모가 드러나면서 전통무예사의 이론과 철학이 부재한 우리 체육계에 커다란 선물과 숙제가 함께 안겨졌다. 정체성을 잃고 헤매는 우리에게 『본국검예』는 대한민국이 일류국가로 도약할 수 있는 정신적 기둥이 되어주고, 미래를 밝히는 민족혼의 불길을 세울 것이다.

그대 인연을 사랑하라

남달구 지음 | 300쪽 | 값 15,000원

『그대 인연을 사랑하라』는 비록 남달구 기자가 세상에 내놓는 첫 번째 책이지만 안에 담긴 '맛과 멋'은 장인의 솜씨와 열정 그대로이다. 특종과 이슈가 아닌 '가치와 진실'을 찾아 떠나온 삶의 여정. 이 책은 수많은 독자에게 참된 나와 진실한 세상으로 가는 길목의 이정표가 되어줄 것이다.

내 인생의 터닝포인트
김원수·박필령 지음 | 316쪽 | 값 15,000원

이토록 행복하고 멋있게 살아가는 부부가 있을까. 암이 가져다준 고통마저도 삶의 축복으로 승화시키는 애정과 헌신의 힘. 한 명의 보잘것없는 인간이 부부가 됨으로써 위대한 존재가 되어가는 과정. "나의 인생이 즐겁고 아름다운 까닭은 단 하나, 바로 당신. 몇 번을 다시 태어나도 나에겐 오직 당신뿐입니다."

부모를 위한 인문학
노재욱 지음 | 272쪽 | 값 15,000원

한국인성교육학회 이사장 노재욱 박사는 대한민국 근현대 교육사를 몸소 체험하고 지켜봐온 교육전문가이다. 책 『부모를 위한 인문학』은 동서양의 모든 종교와 인문학을 두루 섭렵한 저자의 50년 교육 인생과 연구, 강연 활동의 집대성이다. 교육과 관련된 각종 인문학의 핵심 사항을 모아 우리 사회의 실정에 맞춰 어떻게 하면 좋은 부모가 될 수 있는지에 대해 차분한 어법과 쉬운 해설로 제시하고 있다.

하루 7분 기적의 글쓰기
김병규 지음 | 256쪽 | 값 15,000원

내 인생과는 전혀 상관이 없을 것 같았던 일들이 느닷없이 행복 혹은 불행으로 다가온다. 그렇다면 '글쓰기'는 분명 행복에 가까운 쪽일 것이다. 하루 5분은 즐거운 마음으로 이 책을 읽고 2분은 자신만의 유쾌한 글을 쓴다면 말이다. 『하루 7분 기적의 글쓰기』의 첫 장을 펼침과 동시에 어제보다 행복해진 오늘을 맞이해 보자.

참 아름다운 동행
권희철 지음 | 276쪽 | 값 15,000원

2005년 타인의 생명을 구하고 세상을 떠난 故 설동월·이진숙 부부와 당시 기적적으로 살아남은 두 부부의 세 살배기 아이 영환이에 대한 이야기이다. 저자는 곁에서 들려주는 듯 조곤조곤하면서도 따스한 목소리로 '부모님이 계시지 않는 까닭부터 앞으로 어른이 되기까지 네가 무엇을 해야 할지'에 대해 이야기한다.